JN439842

Lee Jane

시인 이제인

오늘 내 밥그릇은 무사할까

이제인 시집

오늘 내 밥그릇은 무사할까

Poetics 시학

차 례

제1부 외줄타기

제2부 사는 법

제3부 밥, 그 블루 이야기

제4부 밥의 외경

제1부

외줄타기

과외 선생
— 밥 시편 · 1

내가 밥을 위해 사는가
밥이 나를 위해 있는가
일 끝난 늦은 시간
밥 한 그릇 앞에 놓고 생각한다

너 없이는 나 없고
나 없이는 너도 없는
이 질긴 업장감옥

성적이 잘 안 나왔다고
툴툴대던 진영, 윤재, 그 엄마의 얼굴이
바윗돌처럼 목구멍에 걸려 있다

내일 내 밥그릇은 무사할까?

밥줄
— 밥 시편 · 2

이른 아침 서릿길에

누가 개의 목줄을 끌고 간다

진화하지 못한 인류사의 살풍경,

대를 이어 우리는

서로가 서로에게 목줄을 매고 간다

가끔 누군가의 팔에 안겨

목줄 걱정 없이 살아가는 목숨도 있지만

그것은 미완의 꿈일 뿐,

으르렁,

맞은편에서 오던 깜둥개 한 마리

꼬리 곧추세워 앞발 버텨 보지만

무얼 너 어쩌겠느냐

너도 나도 한 끼 저녁밥에 끌려가는

한 마리 개 신세일 뿐인 것을

오늘밤 끝내 줍니다, 오빠

— 밥 시편 · 3

1. 돈만 많이 주면

어떤 체위든 OK
23살, 키 167, 젖가슴 사이즈 C컵
오늘밤, 화끈, 황홀하겠지요
전화 부탁해요
춘희

2. 장기를 팝니다

어떤 부위든 다 내놓겠습니다
(간, 신장, 안구, 쓸개, 골수……)
……심장, 두개골도 가능합니다
혈액 O형, 신체 건강 男, 30세

* 액수 조정 가능합니다

3. 무엇을 팔 수 있을까, 나는 이제

쭉쭉 빵빵 20 처녀도 아니고
신체 건강 30 미시도 아니고
그동안 한 끼 밥을 얻기 위해
내 유일한 재산인 눈물 콧물, 기다림
그리고 못다 끝낸 연애편지까지
다 팔아 버리고 말았는데
누군가에게

끝없는 생의 블루 이야기

— 밥 시편 · 4/ 폐허의 유적

온몸 구석구석 닦는다
농부가 연장을 손질하듯이
귓가에 남아 있는 빈 살의 바람 소리
세상은 나의 것, 목덜미, 가슴,
거침없이 내달리던
뭇 사내들의 말발굽 소리도
한 점 눈물로 씻겨 나가고
폐허는 언제나 남아 있는 자들의 몫
집 없는 직박구리, 멧새, 따오기
잠시 날아와 집이 되어 준 것뿐인데,
어차피 세상을 골라 받을 수 없는 몸
저 무수히 떠올랐다 침몰하고 마는
인생들, 생의 은핫길에 잠시 간이역이 되어 줄 뿐
나뭇가지 휘청 몸 가눌 수 없을 만큼
생이 몹시 흔들렸다고, 그렇다고
내년에 다시 봄꽃을 피울 수 없는 것은 아니지
오십 평생에 처음이었다는

다리 절던 그 사내의 마지막 말
잠시 동백꽃처럼 해사하게 붉다

파란, 만장을 태우며

— 밥 시편 · 5/ 화장장이 김씨

모두가 한통속이 된다
이곳에서는 눈물도
자지러지는 웃음까지도
재고 나누고 따지고 구분 짓던 생의 파란만장까지도,
화구 속 온도를 좀 더 높인다
아직 마르지 않은 이 씨의 기다림도
준희, 세현 그 흔한 세상 이름 한번 가져 보지 못한
그냥 애기의 꾸어 보지 못한 내일의 꿈도
한 무더기, 두 무더기
지푸라기처럼 다 태워 없애야 한다
태워서 바람처럼 흔적 없이
한 우주를 지워 버리고 나면
오늘 다시 밥그릇에 한 끼의 이승 밥이
노동의 밥값으로 채워지는 것이다
—오후 할당량 3건 중 2번째—
두려움도 노여움도 아픔도 다 한통속
세상 밖으로 사라져 가는

고인을 김 씨가 홀로 배웅한다
잘 가라!
미처 다 쓰지 못한 이승의 시간을 태워 주듯
화구에 불을 지피고 다시 열화를 높인다
옆에서는 아직도 한통속이 되지 못한 사람들이
아수라 세상의 열기 속에서
네 밥그릇 내 밥그릇 밥 가르기 다툼이
화구 속 수천 도 불보다 더 뜨겁다

못다 부른 사랑 노래
— 밥 시편 · 6/ 고공시위자 박씨

미안합니다
끝까지 아무도 이겨 내지 못했습니다
영하 20도를 오르내리는 철탑 끝,
노숙의 위태로운 잠보다
당신과 아이들의 고픈 배가 더 춥고
무서웠습니다
남에게는 그리도 하찮아 보이는
하루 세끼 밥그릇 채우는 일이 내게는
하늘의 별 따기보다 힘겨웠습니다
내 남은 목숨의 날들을 이제
하늘에 반납합니다
부디 남아 있는 당신과 아이들의 텅 빈 밥그릇에
신의 자비가 있기를 기도합니다
내가 지상에서 배운 최후의 언어로
당신을 사랑합니다

해직 3년 만에 복직, 그러나

한 달 치 남은 급여 48만 원으로는
당신과 아이들 얼굴을 다시 볼 면목이 없었습니다
죄송합니다

비가悲歌
— 밥 시편 · 7/ 염장이의 노래

너를 안았던 손으로
다시 너의 마지막 길을 수습한다
일상처럼 너의 겉옷을 벗기고
피 묻은 속바지를 벗긴다
오늘처럼 내가 염쟁이라서
다행인 적도, 불행인 적도 없다
첫날밤 그 떨리는 손길로
나를 향한 너의 미소도, 기도 소리도
너와 나의 못다 한 고백마저도
차곡차곡 접어 노잣돈으로
네 손에 꼭 쥐어 준다
무심히 망자를 보내고 돌아와
무언가 미안해 의식처럼 밥만 푸던
나의 손을 가만히 잡아 주던
너의 따스한 체온을 생각한다
그때가 내 생의 봄날이었다는 것을
나는 차마 몰랐다
깨달음은 늘 너무 늦었고, 낯설었으며

날아간 새는 다시 돌아오지 않았다
하얀 종이꽃 죽음의 옷을 입고
너는 말이 없고, 나는 못다 한 말이 너무 많아
끝끝내 너를 떠나보내지 못한다

떡값

— 밥 시편 · 8/ 떡값 검사

떡값 검사라니?
검사가 떡값밖에 안 된다는 말인가?

주는 사람도 받는 사람도
다 함께
개떡이 되는 밥
떡값

검은 성전聖戰
— 밥 시편 · 9/ 2대 광부 김 씨

아버지 장례를 마치고
다시 막장으로 돌아왔다
한 달 월급 300만 원,
아버지의 시신을 운구해 내던 그 문으로
탄차의 속도를 높인다
목구멍 갱도 수천 미터,
다시 돌아오지 않겠다던 굳은 맹세도
아들 한 학기 등록금에 묻었다
순간순간 뻗쳐 오는 검은 죽음의 손길,
구역질나는 메탄의 유혹,
가슴까지 차오르는 진폐의 가쁜 숨소리를 듣는다
인생막장 가장에게 오늘 하루는
더 이상 물러설 수 없는 성전,
2대 광부 김 씨는
탄부용 곡괭이, 장화, 마스크를 받아 들고
그래도 이 나이에 써 주어 고맙다며
아비가 걸어간 그 검은 늪 속으로
천천히 가라앉고 있었다

오늘도 몸 하나로 집 짓고 산다

— 밥 시편 · 10/ 목수 황씨에게

경상도에서 한옥을 가장 많이 지었을 것이라고, 자칭 최고의 목수라고 뽐내는 안동 황토방 사장 황명섭 씨, 누구누구 내로라하는, 이 시대 최고들 앞에서도 고개 숙이지 않는다 우선 목소리부터 척 내리깔고 지나가는 바람이나 알아들을 수 있을까 말까, 우물우물 얼버무려 상대방의 기세를 팍 꺾어 놓는다 벌집, 닭집, 개미집, 새집, 누에집, 하다못해 떠돌이 바람집, 하늘 중천 그믐달에게도 저 흘러가는 달집이라는 이름 붙어 있는데 하물며 일생 이 지구별 어느 한구석에 설움의 집 한 칸 마련하기 위해 평생을 탕진하고도 천지간에 제 집 한 칸 가져 보지 못하고 왔다 가는 인생이 많고 보면,

그 민달팽이 같은 인생에게 집을 지어 주는 그이고 보면, 그 콧대 하늘 높은 줄 모른다 한들, 또 그 기고만장 뽐낸다 한들 누가 감히 맞짱 뜨자 내기 붙을까? 새소리, 바람 소리, 매화꽃 뒤척뒤척 실눈 뜨는 소리,

천지만물 휘휘 떠다니는 떠돌이별 유목의 설움까지 다 한데 불러 모아 땅을 다지고 대들보를 세운다 서까래를 얹고 바람벽을 칠하고 생의 업장 갑장 만리장성을 쌓는다 돼지머리 입 속 가득 만 원짜리 쿡 찔러 넣고 천기누설 액을 막는다

잘 살아라 천년만년, 목수 생활 40년에 제 집 한 칸 없어도 뭐 어떠랴 뚝딱뚝딱 도깨비방망이질 인심 한번 두둑하다 꽃집, 달집, 황토집, 기와집, 그 속에는 하루 종일 삼삼 심심 해가 뜨고 오늘 밤에도 꽃달이 진다

한판승을 노린다

— 밥 시편 · 11/ 노름꾼 이 씨

삼팔광땡 그 팔월 보름달이
스무 살 연이 어여쁜 얼굴이
눈앞에서 왔다 갔다 한다
넝마자루 같은 한 생애
칠 때마다 불발탄이지만
언젠가 한번쯤은 대폭발 이루리라
그 한 번에 멱살 잡혀
집도 절도 다 털리고 말았다
튼튼하던 밥줄에 마누라까지,
이제 잡혀 먹을 것이라곤
아무도 거들떠보지 않는
제 골병든 몸뚱어리뿐이다
그러나
한 판이면 세상은 모두 내 것인데
화투장 펼쳐 들고 가자미눈 째려 뜬다
이른바 포커페이스,
옳다구나! 오늘 너는 내 밥이다
오늘이 바로 그 날이다

손 비비고 눈 비비대며
신의 강림 기다리듯
한판승을 노리지만 눈에 띄는 것은
공산명월 껍데기에 허무한 낙목한천,
비사리 스산한 오뉴월 댓바람에
우수수 남은 밥그릇마저 털리고 있다

내일을 기다리며

— 밥 시편 · 12/ 일용 노동자의 겨울

눈보라 휘몰아칩니다
세상 어디에도 꽃 피는 봄은 자취도 없습니다
부리 끝에 닿는 언 땅
굳게 닫힌 하늘문, 열 수 있는
꽃잎 열쇠 하나
내 생의 목록엔 없습니다
발갛게 얼어 터진 발
채울수록 허기지는 뱃속,
가끔 단풍잎 추억만이
느닷없는 어느 지인의 부고장처럼 시립니다
이것이 나의 분명한 오늘입니다
영원으로 열린 길, 내일의 일은
내게는 오지 않을
다만 내일이라는 관념일 뿐입니다
그러나 나는 오늘도 목 빼고 기다립니다
비. 둘. 기 내 이름 석 자
불러 줄 리 없는 누구인가를

얼굴, 팔자, 관상 봐 드립니다

— 밥 시편 · 13/ 관상장이 이 씨

감 놓아라, 배 놓아라
남의 밥상에 부지런히
콩 놓아라, 팥 놓아라
오늘은 이쪽으로 가라 한다
내일은 서쪽에 밥이 있으니 그리 가고
그다음 날은 술이 있으니 북쪽으로 가라 한다
나도 모르는 그대 꼭꼭 숨어 있는 그곳까지
손바닥 앞뒤로 뒤집으며
얼굴 이리 뒤적 저리 뒤적
장난처럼 몇 번 이마에 손도 얹어 본다
겁도 없이 천기누설,
내 구만 리 장천
먼 앞날의 밥상까지
이러니저러니 주절주절
말로만 차려 놓은 진수성찬이다
제 밥그릇은 지금 어디에서
푹푹 쉬어 가고 있는 줄도 모르면서

뻥이요, 뻥
— 밥 시편 · 14/ 뻥튀기 장수 박 씨

제 울화통 속을 달달 달구어
"뻥이요, 뻥"
공개적으로 허풍 장뻥을 친다
쌀 한 됫박, 옥수수 한두 줌이면
한밑천 두둑
온 동네 얼음판 위 팽이치기하던
목격자 아이들 다 불러 모아
가난한 식욕을 마음껏 부풀린다
고소한 겨울동화 눈송이 같은, 영희는 지금 어디,
그때는 하늘별꽃 몰래 훔쳐 내는 것도 문제없었다
뻥튀기 장수 박 씨는 오늘도
"뻥이요, 뻥"
그날보다 더 크게 뻥, 뻥, 뻥, 뻥을 왜장치고 있지만
이제 아무도 모여들지 않는다
누가 선고한 형량인지도 모르는 무기징역,
영원한 무기수 박 씨는 아직도
밥그릇 감옥에서 뻥을 치며
50년 째 독거 수감 중이고

동백꽃 눈물

— 밥 시편 · 15/ 버스 운전기사 아내의 기도

후회하지 않겠습니다
이대로 평생
붉은 설움의 형틀 속에 갇혀 살아도
결코 눈물의 뒷등 보이지 않겠습니다
오로지 기도합니다
오늘도 무사히

새벽길 나서는 남편의 등에 대고
가만히 성호를 긋습니다
만삭의 아내는

제2부

사는 법

오래된 무덤 앞에서

— 밥 시편 · 16/ 새로운 밥의 길을 위하여

제 밥그릇 스스로 엎어 버리고
입을 꽉 닫아 버렸구나
저보다 더 확실한 삶의 증거가 또 있겠는가
굳게 닫힌 밥의 문
검은 딱새 온갖 감언이설로
며느리밥풀꽃, 애기똥풀,
세상 열쇠란 열쇠는 모두 꽂아 보지만
겹겹의 얼음감옥 풀어낼 수는 없나 보다
아직도 내가 너를 살고 있는
끝내 알 수 없는 생의 소용돌이 안쪽
저 완고하게 입을 다문
자폐의 돌쩌귀 뜯어내고
파도처럼 내 속의 오래된 밥, 너를 넘어서고 싶구나
오래된 너의, 먼 훗날 무덤 앞에서
길을 묻는다
내가 나를 살아갈 수 있는
오래된 새 밥의 길을

사는 법
— 밥 시편 · 17/ 순수한 밥 타령

그랬다, 그 시절
울음이 밥이 되던 때가 있었다
"빽빽 앵앵" 사이렌 소리,
크게 더 크게 울기만 하면
늙은 엄마는 언제 어디서나 달려와
젖을 물리고 밥을 주었다
꿀떡꿀떡 달고 맛있는 젖과 밥,
그때부터 터득한 밥 먹고 사는 법
뭐든지 크게, 요란하게 소리쳐라,

그러나 울어서 얻는 밥은 오래가지 못했다
저 혼자 나이를 먹어 늙어 버린 밥,
울음이 안 통하는 그 밥을 엎어 버리고

나는 새로운 밥을 찾아
누군가에게 예쁜 짓을 해야 했다
눈도 찡긋 선심 쓰듯 방긋 웃어 주거나

가끔은 못 이기는 척 살짝 배꼽춤도 추어야 했다
그러면 동전 먹은 자판기처럼
젖과 꿀이 흘러넘쳤다

그러나 예쁜 짓이 밥이 되던 시대도 가고
무엇이 밥이 될까
나는 다시 고민하며
이 골목 저 골목
이 산 저 산 저 강물, 헤매고 있지만
밥줄은 이제 쉽게 보이지 않는다

오리발 밥타령
— 밥 시편 · 18/ 어느 청문회를 지켜보며

1. 먹고도 안 먹은 척

귀 먼 밥, 눈먼 밥
물밥, 찬밥, 더운밥
설움 밥, 섹스 밥, 눈칫밥
코흘리개 간식 밥까지
네 밥도 내 밥이요, 내 밥은 물론 내 밥
먹어도 먹는 소리 안 들린다

2. 온 세상은 오리발 밥이 산더미

알 만한 사람은 다 아는 사실,
저 혼자만 모른다, 나 혼자는 안 먹었다
물귀신이 따로 없다
아무 죄 없는 밥만 새 중간에 끼어
이러지도 못하고 저러지도 못한다
이 세상사

안절부절, 속절없다

3. 밥독 올라 돈독 올라

돈. 돈. 돈. 돈타령
누렇게 부황 뜬 얼굴들,
밥독 올라
돈독 올라
온 세상은 독. 독. 독. 독타령뿐

통속적으로 밥을 노래함
— 밥 시편 · 19/ 밥의 길, 몸의 길

어쩌면 좀 더 나을까
좀 더 크게 먹을 수 있을까
여기에서 저기로
너에게서 나에게로
다시 너에게로
지구를 몇 바퀴 돌아서
또 여기, 한국에
우리 몸속에는 저마다
흘러가야 할 생의 물길이 있는지
열 손가락도 모자라게
이렇게 저렇게
몸의 바퀴살 굴려 보지만
그러나
나는 여전히 여기,
하루 세끼 통속적인 밥그릇의 키를
넘어서지는 못 한다
앞으로의 일, 아무것도
예감할 수 없고

다만 내 속의 마음 길 몸의 길을 따라
흔들리며 흔들리면서
어디론가
다시 또 흘러가 보는 것일 뿐

캘리포니아는 봄
— 밥 시편 · 20/ 밥섬, 고도를 위하여

나 가요, 혼자 떠내려가는 섬처럼 너의 그 말이 새파랗게 떨고 있었다 너를 향해 내밀었던 내 손도 순간 얼어 버리고 생기다 만 말처럼 입속의 말도 꽁꽁 얼어 버리고 어디에도 우리의 누란은 없다고 나는 문득 엉뚱한 말만 중얼거리고 있었다 오늘은 네가 나의 애인이 아니어서 참 다행이라고 너를 앞에 두고 나를 생각하고 있는 사이, 우리 몫이 아닌 내일이 봄눈처럼 왔다 갔다

밥이 있는 그곳이 우리들 서쪽이 아니겠느냐 자주 끊어지는 전화선 너머 말리부의 파도는 말 많은 시어머니처럼 제 말만 앞세우고, 보리 꽃순 지고 다시 피어나는 그 시간, 꼭 그만큼만 견뎌 보라고 언젠가 네가 나에게 했던 말 흉내 내어 나는 너의 등을 돌려세웠다 내 속의 캘리포니아는 봄이 오기 전에 그렇게 떠나갔다 제 몫의 밥을 찾아서 다시 태평양을 건너서

밥 먹는 기술
— 밥 시편 · 21/ 혓바닥 설거지

밥티 하나까지
혓바닥으로 설거지한다
우리 집 밥 귀신 진돗개 수군이

그 새가 오고부터였을까
식사 후 밥 알 몇 톨씩
밥그릇에 남겨 놓는
이상한 버릇이 생긴 것은

그, 밥 먹는 기술
오늘 점심을 먹다가
갑자기 생각났다
배우지 않고도 알고 있던
수군이의 밥 먹는 기술

수십 년을 살며
날마다 배우고서도
아직도 내가 제대로 배우지 못하는,

내가 나를 묻는다

— 밥 시편 · 22/ 사랑, 잡곡밥

누가 사랑한다고 말했다
꿈속에서
내게 밥이 되겠다고

들콩, 날콩
풀씨, 참깨씨까지
둘둘 다 섞인
누더기 잡곡밥

소화시킬 수 있을까
오목눈이 야윈
내 작은 밥통으로

피장파장밥

— 밥 시편 · 23/ 밥그릇 크기에 관하여

이 시인의 밥통도 별 볼 일 없겠군요
깨작깨작 젓가락질 참새 모이 줍듯 하는 걸 보니,
내 밥 먹는 모습을 보고
어느 시인이 말했다

나도 모르는 내 밥통 크기를
네가 어찌 아느냐고
한바탕 밥의 키 싸움 걸어 볼까 싶었지만
무심결에 나온 자신의 말에 스스로도 놀랐는지
아무 죄 없는 입맛을 탓하며
어쩔 줄 몰라 하는 그 시인,

묵묵히 그저 내가 나에게 주는 밥
다 받아먹고
무사히 다음 생의 벌판으로 건너갈 수 있으면
그뿐일 텐데
밥그릇 크기가 무에 그리 대수겠느냐고
알듯 모를 듯 저 혼자 웃고만 저녁

세상 모든 것이 다 밥으로 보인다
— 밥 시편 · 24/ 밥의 업보

밥에 관한 시를 쓰기로 하고부터
모든 것이 다 밥으로 보인다
지금 헐리고 있는 멀쩡한 예배당도
목사님의 설교도 부처님 빛나는 황금이마도
다 먹어 치워야 할 밥, 밥의 길이다
흐르다 만 시냇물, 비탈길을 기대고
누운 바윗돌 집 떠난 아들도
하루에도 몇 번씩 변덕이 죽 끓듯 하는
젊은 애인까지 모두가 다
갈아엎어야 할 밥의 업보다
그러나 쳐다만 보아도 머리끝까지
밥덩이들 차올라 하나도 먹을 수가 없다
바라볼수록 허기만 더하는 애물단지
경미도 은숙이도 미국 친구 길버트도
세상 모두가 다 그 밥덩이 하나
더 먹으려고, 더 맛나게 먹으려고 아우성이다
너무 많은 밥,

그러나 내가 정말로 먹고 싶은 밥
너, 오직 너 목숨의 밥

새에게 밥을 빌다
— 밥 시편 · 25/ 온몸이 수저가 되어

마른 풀씨 한 자락 앞에 두고
머리 조아리며
수십 번 땅에 절한다
다시 고개 들어 하늘 바라본 후
온몸이 수저가 되어 밥을 먹는다, 새는

밥상은 그렇게 받드는 것이라고
그래야 밥이, 밥이 되는 것이라고

아침 생선구이, 무국, 오징어무침
여러 찬 앞에 놓고도
젓가락질 머뭇거리는 나에게
한 말씀 하신다

너
아직 배가 부르구나!

가죽부대 비나리

— 밥 시편 · 26/ 기도밥

이른 아침
마음의 첩첩산중에 돌탑 하나 쌓아 놓고
보채고 달래고 어르고
협박하고, 혼자서 협상하고
없는 애교 다 부려 본다

한참을 손 부비다 생각하니
밥 달라고 날마다
밥 더 많이 달라고
누군가에게 구걸하고 있다

돌아다보니
너도 나도 그렇게 비나리 하고 있었다
구멍 난 빈 가죽부대 걸망 하나씩 둘러메고

밥의 경전

— 밥 시편 · 27/ 아들에게

1

아직도 너는 혁명을 꿈꾸고
인생을 말하고 순수를 외치고
영원의 사랑을 믿는다고 말하는구나
그러나 아들아
아직 멀었구나, 너는
한 끼 밥그릇이 어디만큼에서
어떻게 어느 후미진 골목을 굽이돌아
너의 아침상에까지 이르렀는지를

2

네가 굳이 지금 그것을 알라는 것은 아니다
다만 아들아
천 년 전 사람들에게도 밥은 눈물이었고
달나라 은도끼 금도끼의 전설이 없어진 지금에도
여전히 밥은 인생의 첫 눈뜸이고
슬픔이고 마지막 그리움이라는 것도

굳이 네게 말하지는 않겠다

3

하지만 아들아
네가 이 엄마 탯줄을 부여잡고 나오던
그 힘으로 이젠
네 밥그릇을 만들어 가야만 한다는 것을
밥이 가는 길을 네 스스로 찾아가야 한다는 것을

이 가을
다만, 아들아!

인생 역류 밥, 그 이후

— 밥 시편 · 28/ 위 역류

소화불량으로 병원엘 갔다
의사는 내 몸을 스쳐 간 열꽃의 역사를 묻고는
이리저리 청진기를 들이댄다
뒤적뒤적 의사의 손끝이 스칠 때마다
들키고 싶지 않았던 몇 잔의 눈물이
고해처럼 떨어진다
내 은밀한 내장들
그동안 내력의 부끄러움이야 다 알 바 없다는 듯
"위산이 역류하는군요
제 길을 찾지 못하고 우왕좌왕하다가
기관지를 치고 목을 태웠어요
후두염에 위염까지 겹쳤어요"
의사는 아무렇지도 않게 툭 내뱉는다
이제 제 길을 벗어난 모든 것들이
독이 되어 나를 치받아 오르는가 보다
나는 몸 안에 미안하고
더구나 함부로 부려 먹은 생 앞에 몸 둘 바를 몰라

서둘러 처방전을 받아 들고 병원을 나왔다
밖은 온통 길을 벗어난 사람들이
길 안에 서서 제 길 밖을 서성이고 있었다

무쇠 숟가락

— 밥 시편 · 29/ 젊은 엄마, 늙은 엄마

1

밀쳐 내는 밥숟가락을 기어코
입안으로 다시 밀어 넣는 젊은 엄마

더 이상 자라고 싶지 않은 나를
억지로 키우려는
잘 훈련된 무쇠 숟가락으로,

그 끝에
아직 더 보여 주고 싶은
세상 뜨거운 밥맛이 남아 있었는가

2

새벽 세 시
가위눌림 꿈속까지 따라와
어머니
다시 밥숟가락 목구멍 깊이 밀어 넣는다

세상 찬밥 뜨거운 밥

아직도 분간 못하는 나에게

개 작업

— 밥 시편 · 30/ 사생결단

1. 저 개 새끼들

한두 평 우리 속에
십여 마리 개 떼 서로 얽혀 뒹군다
밥그릇에 얼굴 파묻는 놈
우두커니 밖을 내다보는 놈
오늘이 제 사랑의 마지막 날인 듯
섹스를 밝히는 놈
누구를, 무엇을 위한 몸부림인가
사생결단,
죽기 살기로 짖어 대는 저 개 새끼들

2. 불암개작업장

가마솥에선 펄펄 물이 끓어 넘치고
저승길에 자비라도 베푸는 것인 양, 한 남자

칼날을 높게 치켜들고 있다
누가 세상에서 가장 쓸쓸한 식탁에 대해
묻는다면 무엇이라 대답할까, 나는
'불암개작업장' 이란 팻말을 옆에 끼고
아침 산을 내려오며 생각한다
순서 없이 떴다 지는
세상 모든 꽃들의 꽃이 되지 못한 개 밥그릇에 대하여

봉홧불 지피기

— 밥 시편 · 31/ 밥불

불을 지핀다, 내 몸에
기도하듯
하루도 거르지 않고

부디 노릇노릇
속속들이 잘 익어
생의 날비린내
더는 풍기지 말라고

나도 어느 주린 영혼
너에게
뜸 잘든 밥 한 덩이는
되어 주어야 하지 않겠느냐고

생의 아궁이 깊숙이
밥숟가락을 밀어 넣는다
가마 앞에 선
도공의 마지막 손길처럼

제3부

밥, 그 블루 이야기

저 낡은 숟가락에서 너를 지우고 싶다
— 밥 시편 · 32/ 숟가락을 위한 노래

터미널 밥집에서 밥을 먹는다
그만그만한 사람들이 그만그만하게
낡고 구부러진 숟가락으로
밥을 푸고 국을 푸고 구색 갖춰 젓가락질을 한다
내가 먹고 있는 이 숟가락,
얼마나 많은 사람들의 입술이 스쳐 갔을까
이것들은 잠시 그러나 간절하게 머물다 간
그들의 구미와 입맛을 얼마나 기억하고 있을까
물비누로 씻고 지우고 헹구고
쏴아 세찬 물줄기로 털어 낸다고
그들의 억센 기억들을 다 지웠다고 말할 수 있을까
문득 이 수저를 거쳐 간 사람들이 궁금해진다
무심히 채워지고 비워지는 밥집 밥주발의 허다한 주
인들
그 무딘 기억으로 오늘 하루 저물고 싶다
네 낡은 입술의 기억들 지우고 싶다
내 생의 어느 길목에서

밥집에서 너를 비우다
— 밥 시편 · 33/ 밥맛

습관처럼 너를 채우고
다시 너를 비운다
나를 채워야 할 그것이
꼭 너여야 할 어떤 절실함도 없다지만
오늘 하루
차올랐던 만큼의 너에 대한 기억 털어 내고
내일은 또 그만큼의 밥을
내 생의 밥그릇에 담으면 그뿐일 터

기다리지 않은 것들은
너무 자주 왔다 가고
하나의 그리움만 골라 담을 수 없는
정류장 대합실의 의자처럼
목멜 어제의 기억이란 어디에도 없다
다만 네 목숨의 서산 쪽으로
기울어 가는 해를
좀 더 무심히 바라볼 수 있는, 그것이

세상 가장 따뜻했던 어느 때의 그 밥맛
오래 간직하는 그런 일이 될 터인데

늦은 밥 먹기

— 밥 시편 · 34/ 식은 밥 먹기

물려받은 식성대로
수저를 든다
밥 한 공기
무말랭이무침, 파김치 되어

그리 내력 깊은 생도 아닌데
자꾸 목이 막힌다
세상 어딘가
나도 이렇게 떠넘기기 어려운
식은 밥 한 덩이로 누군가의
목구멍에 걸려 있는 건 아닌가

만성체증처럼 자꾸 얹히기만 하는
내 한 끼 목숨을
억지로 떠넘기며
아직 돋아나지 않은 슬픔에도 자꾸 목이 멘다
늦은 저녁을 혼자 먹는 시간에

혼자 먹는 밥

— 밥 시편 · 35/ 구멍 난 밥통

멀리서 아들이 왔다
혼자서 먹던 밥을 둘이서 나눠 먹는다
세끼 밥 혼자 다 먹던 것보다
훨씬 더 배가 불렀다

이제 나눠 먹을 사람 없이
아침 점심 저녁 다시 혼자서 먹는다

그런데
왜 이리 고픈 배가 차오르지 않을까
네가 떠나가고
오늘 저녁상 앞의 내 밥통은
구멍 난 비닐봉지인가
자꾸 새기만 하는

지극히 너무 늦은 일들에게

— 밥 시편 · 36/ 생의 절정

늙은 엄마는 아기를 바로 보지 못한다
길고 어두웠을 산도의 길에
손잡아 주지 못한 것은 그렇다지만
재능도 가문도 그럴듯한 미모도
무엇 하나 얹어 줄 것 없는
부실한 밥그릇의 세상
다시 아기가 그 어미 세상 이어받아
살아가야 한다 생각하니 지난 한 철
다스리지 못한 격정 때문이 아니라도
못내 미안하고 미안한 것뿐이다
간호원의 아기 어르는 소리에
젖도 돌지 않는 마른 가슴만 두방망이질 칠 뿐
오물거리는 입술, 단풍잎같이 흔들거리는 손,
제대로 붙어 있는지 궁금할수록 늙은 어미는
더욱 눈을 꼭 감는다
그래도 아직 늦지 않은 일들이 있겠지
산다는 것은 너무 늦은 일들의 징검돌 건너

아직 늦지 않은 일들 위로
무사히 건너가는, 그뿐이지 않을까
어미는 마른 가슴을 열고 아가에게
지극히 너무 늦은 일들에게
젖을 물린다
생의 절정을 받아 적는다, 시여!

지상의 숟가락 하나
— 밥 시편 · 37/ 밥심을 위하여

1

저렇게도 슬플 수가 있을까
세상에 밥 먹는 모습
아무것도 아닐 수 있는
밥 한 숟가락 목구멍에 떠 넣는 일이
때로는 사람의 모든 것이 될 수도 있어서
한 끼 밥이 성전이고
종교가 될 수 있어서

2

밥심보다 더 믿을 만한 힘은 없어
숟가락 들 수 있는 힘만 남아 있어도
거시기를 생각한다는,
남자의 힘도
결국 밥심에서 비롯된 것일지니

3

애지중지 큰아들, 막내딸, 살던 집
심지어 화장실 가는 것까지
세상 모든 것 다 잊어도
이것만은 잊지 못한다고
치매의 노모는 마지막 남은 힘을 다 바쳐서
숟가락을 들고 있다

봄눈 내리는 남한강가에서

— 밥 시편 · 38/ 강 건너 불빛

어디에서 와서 어디로 가는가
되새 떼 날아가 다시 오지 않는 여기
이름도 갖지 못한 흰 새 떼들
더 가벼워져야 한다
가벼워져야만 산다며
몸으로 왔던 한 잎 마지막 기억
마저 털어 내고
너는 다시 어디로 가는가

강 건너 저쪽이 불빛
혹시 무릉의 꽃빛, 아니
저쪽에서 이쪽을 그렇게 부르는 것은 아닌가
거미줄 위 아침 이슬처럼
아슬아슬한 우리 밥의 뿌리를,
개망초 할미꽃
못다 부른 눈물 이름까지
넉넉히 다 먹이고도 다시 넘치는

물의 길, 제 몸 하나 가누지 못하고 휘청거리는
저 남한강을
그 불멸의 밥그릇쯤으로
꿈꾸고 있는 것은 아닌가
저쪽 마을
네가 살다 온 그 어디쯤에선가

밥섬

— 밥 시편 · 39/ 삶의 전쟁터

밥그릇 사이에 저 바다가 있다

매일 생사를 걸고 헤엄쳐 가야 하는,

갈 수밖에 없는 먼 나라

그곳에 무사히 닿고 싶다

오늘도 누군가 밥그릇 싸움을 걸어온다면

내 몸은 피 터지는 전쟁터가 될 것이다

아무도 빼앗아 갈 수 없는, 빼앗길 수 없는

영원한 내 밥섬

어느 날 산에 올라

— 밥 시편 · 40/ 남의 밥그릇

저 많은 집
저 많은 사람들
많고, 많은……
그 무수한 명멸 속에
이렇게 아무것도 없는 것이
오히려 쉬운 일이 아닐 텐데
집도 없고 친구도 없고 사랑도 없고
직장도 없고 아이도 곁에 없고
공짜인 꿈도 하나 없고……
있었으면 바랐던 것들은
누군가 일부러 다 없애 버린 것처럼
나는 없는 것만 세어 보면서
너무 많은 것들 가운데
혼자 앉아 있었다

늙은 꿈속에
남의 밥그릇만 넘겨다보면서

요람에서 무덤까지
— 밥 시편 · 41/ 창자를 위한 소네트

목구멍에서

똥구멍까지

직선거리 1m도 안 되는

그 가깝고도 영원히 먼 거리를 위해

하루 86400초

계산할 수 없는 빠르기로

내 생애 16800일을

숨 가쁘게 달려온 하루

그러나

아직도 보이지 않는

요람에서 무덤까지

멀고도 가까운 내 밥상까지의 그 거리

좋은 인연, 나쁜 인연도 다 잠깐이라고
— 밥 시편 · 42/ 밥 때문에

만나고 헤어지고
밥 먹고 같이 울고 웃다가
절대 이해, 용서 못해! 절대로
세상 마지막이라며
눈칼 세우고 싸워 대지만
그러나 다시 이해하고 용서하고

또 자스민은 피었다 지고
졌다가 다시 피는 사이
그대와 내가
서로에게 박아 놓은 무수한 못 자국들
흉흉히 꽃 피고 지는 사이

그것들 때문에
이젠 떠날 수 없노라고
다시 주저앉는 저녁답

죽음보다 더 독한 것은
— 밥 시편 · 43/ 밥이 먼저

돌확 속 금붕어가 죽었다
겨우 한 마리만 살아남아
주는 대로 떡밥을 받아먹고 있다
아직 수습하지도 못한 제 피붙이의 주검보다
살아 있는 제 목숨의 모진 허기가 먼저여서,
가 버린 사랑보다
지금의 내 한 끼 고픈 배를 채우는 것이
더 급한 일이어서 너 없이도
나는 아무 망설임 없이
나를 위해 생선을 굽고 한 상 가득
저녁상을 차린다

세상 모든 목숨들에게
밥은 언제나
슬픔보다, 죽음보다도 더 먼저다

금지된 밥
— 밥 시편 · 44/ 별식

밥
혹은
먹다 버린 잔반
남긴 밥
훔쳐 먹는 밥 숨어서 먹는 밥
다시 주워 먹는 맛, 맛이라니

뜨거운 밥 찬밥 식은 밥
선 밥
…the Bob…

세상 모든 밥
그 밥에 그 나물을 먹으며
이제껏 한번
먹어 보지도 못한 별식을 먹고 있다는
먹지 말라는 밥 금지된 밥만
더 골라 먹고 싶어지는 나는

그러면서도 허기진 누군가의 한 끼
찬밥도 되어 주지 못하는
나는

밥 먹기 전의 기도

—밥 시편 · 45/ 길고도 짧은 기도를 위하여

내 밥그릇에서 네 밥그릇까지
또 세상 모든 밥그릇에 이르기까지
생각해 보면 채우고 비우고
다시 채우고
그러느라 훌쩍 한 생애가 봄바람처럼
다 지나간 듯도 합니다만

아직도 채우지 못한 빈 도시락들이
딸그락딸그락
내 삶의 길바닥에는 너무나 많습니다
아니 오히려 어제보다 오늘이 그리고 내일이

오, 하나님!
이제 그만
먹지 않고도 배부를 수 있는
당신만의 비법을 살짝 보여 주소서

오늘 아침
나의 식사 기도는 내 살아온 날들처럼
너무 길고도 짧습니다

11월의 명상
— 밥 시편 · 46/ 밥의 고해성사

쌀이 얼마 남지 않았습니다

밥을 다시 짓기에는,

쌀을 사러 가야 하는데 밤이 너무 깊었습니다

이제 이 한 철 굶어야 하겠습니다

지난날 너무 많이 아귀아귀 먹은 것들

하나씩 꺼내 되새김질해야겠습니다

그동안 저질러 왔던

잘못의 칼날, 미움의 송곳들

그리움이며 슬픔이며 꺼내 먹고

내 몸의 묵정밭을 갈아엎어야 하겠습니다

야금야금 꺼내 씹으며 방성대곡

다시 내일의 사람이 되어야겠습니다

운명의 형식
— 밥 시편 · 47/ 거미줄 밥통

어디 갈 만한 데라도 있을까
거미줄 위 어미 잠자리
버둥버둥
홑겹 속곳 제 살갗 다 찢어지도록
휘적거려 보아도
아직도 거기 그 자리

제 날개 겹겹
목숨의 밥줄에 실핏줄 하나까지 꽁꽁
묶여 있는 줄도 모르고

누군가의 죽음이
또 누군가에겐 밥이 되는,

빈집에 살구꽃
— 밥 시편 · 48

꽃이 피었습니다 사립문 열고 들어가 살구꽃 속으로 들어가 보았습니다 돌아오지 못할 주인을 가진 집인가 봅니다 장독대는 깨어지고 문고리는 떨어져 나가고, 그러나 살았을 때는 살뜰히도 가꾸었을 것 같은, 누군가 다시 돌아와 예전처럼 반짝반짝 윤기 나는 집이 되기도 할 것 같은, 밥 짓는 냄새 구수히 번져 옵니다 집 나간 아들 돌아와 도란도란 다시 숟가락 달그락거립니다 사람꽃 살구꽃과 함께 피어납니다 장독대 가득 간장 된장 찰랑거리고 저녁 쌈장 소담히 퍼 담는 아낙 하나 그림으로 그려지고 있습니다

제4부

밥의 외경

나는 아직 집이 없습니다
— 밥 시편 · 49/ 열등감밥

나는 아직 싸구려 월셋집에 삽니다 꼭 이만큼 생이 모자라 아직도 망치를 들고 톱질을 하며 벽돌을 찍고 있습니다 여덟 살 때 이만큼이던 것이 오십 고개를 넘은 지금도 딱 이만큼일 뿐입니다 아무리 시간이 지나고 많은 사람을 만나고 헤어지고 생의 산전수전 공중전 여러 문전을 넘나들었어도 좀처럼 자라지 않는 꼭 그 만큼의 키, 그 키는 수십 년이 지나는 동안 내 삶의 여기저기에 숭숭 바람구멍만 뚫어 놓았습니다

그런데 참 신기합니다 언제부턴가 그 구멍 속으로 나의 어제, 오늘 그리고 내일의 밥그릇이 쑥쑥 제집처럼 드나들고 있었던 것입니다 나는 몰랐습니다 그렇게 자라지 않는다고 툴툴거렸던 이만큼 내 열등감 목숨의 바람구멍이 그동안 절름거리며 나를 먹여 살려 왔었다는 것을

가장 낡고 오래된 밥

— 밥 시편 · 50/ 후회밥

1

아직도 내겐 집이 없습니다
날이 새면 집을 지으리라*고
밤새 덜덜 떨며 지새우던 그 많은 날들

다시는 밤이 오지 않을 것 같은
낮 동안의 꽃들, 햇살에 눈멀어
복병처럼 깃털 속에 숨어 있는
영하의 추운 밤을 끝내 보아 내지 못했습니다

2

오늘밤도
날이 새면 꼭 집을 지으리라는 다짐은
너무 많은 사람들의
너무 늦어 버린 후회를 되뇌며
아직도 집이 없는 나를 대신해
수천 년을 후회해 주고 있습니다

카트만두 왕국 차가운 밤하늘 아래
내일이 오면 나도
기어이 집을 한 채 짓고 말리라
오늘밤도 다짐하고 있습니다

---

* 카트만두에 전해 내려오는 '날이 새면 집을 지으리라' 는 새의 전설이 있음.

이 시대의 대화법
— 밥 시편 · 51/ 소외밥

무어라
너는 너의 말을 하고
나는 내 말만을 하다가 헤어져 돌아온
한없이 쓸쓸한 밤,

뜰 앞 목련나무는 누가 듣든 말든
저 혼자
울었다 웃었다 합니다
똑같은 말로 여전히 목련꽃만 피우며

평생 밥그릇에 빚지고 살아가는 사람
그 누구인들 목련꽃 속울음보다 더 깊은
어둠의 방 하나쯤 없으리오마는

그러나
아무 말도 마십시오
내가 나에게 하는 말이 무언지도 모르고 살아가는

오늘밤이 내겐
아직도 너무나 할 말이 많습니다
내일 속 나의 저녁 식탁에 차려 올릴

오늘 인사동에서 내 삶의 주인을 만나다
— 밥 시편 · 52/ 허기밥

고질병 같은 너를
잘 가라 보내 놓고
왕벚나무 꽃잎 날리는
인사동 음식점 창가에 홀로 앉아
꾸역꾸역 밥알을 밀어 넣는다

너도 버리고 나도 버리고
세상 것 다 버려도
끝끝내 못 버릴 것은
하루 세끼 밥그릇인가

누더기처럼 눌어붙어
이 저녁
나에게 기어코 밥을 떠먹이는
모진 허기
이제야 나는 알겠다
누가 내 생의 주인인가를

봄 엽서
— 밥 시편 · 53/ 안부밥

그가 전화를 했다 밥상을 앞에 놓고 잠시 내가 생각났다는 그 말 단지 그 짧은 말을 잠언처럼 주고받은 것뿐인데 평생 받아 보지 못한 성찬을 대접 받은 것처럼 오후 내내 왜 이리 배가 부르고 주책없이 웃음이 날까 웃다가 울면 어디에 뭐 난다는데 삐져나오는 웃음을 누르고 있자니 피식피식 성능 나쁜 내 생의 성냥개비에 불이 붙는다 그 불에 덴 듯 따끔따끔 온몸에 모처럼 등불이 켜진다

오늘밤은 잊고 있었던 누군가에게 먼 밥 안부를 물어야 겠다 그곳 비 내리는 사세보항에도 목련이 피어났느냐고 뜻밖의 봄 엽서가 되어 너의 빈 식탁으로 날아가고 싶다 내가 나에게 말을 거는 이 봄밤엔 실없는 말 한마디도 한 생애의 밥이 되는가 보다

자본주의 불온한 시각으로

— 밥 시편 · 54/ 욕망밥

밤새 수많은 별들의 그리움이며
이별이며 눈물이며 그리고 외로움이며
감쪽같이 집어삼키고는
언제 그랬느냐는 듯이 멀쩡한 얼굴로
이제 해 아래 있는 모든 목숨들의,
나의 숨소리를 노리고 있다
우당탕 오고 가는 욕망의 발자국 소리
아슬아슬 이어 가는 꿈의 넋들,
호시탐탐 노리고 있는 저 늙지도
낡아 가지도 않는 식욕, 성욕, 수면욕……
어느 새 텅 빈 열흘 굶은 얼굴을 하고
다시 침을 질질 흘리고 있는 저 멈출 줄 모르는
탐욕의 혓바닥을 보아라
빈 비닐봉지처럼 아 입 벌리고 있는
부풀어 오를 줄만 아는
오늘 자본주의의 저 터져 오르는
뱃고래 좀 보아라

로또 복권을 사며
— 밥 시편 · 55/ 오매불망밥

한 끼 점심값을 털어 며칠 치
희망을 샀다
60억분의 1 생을 살고 있다고
팔백십사만분의 일 확률을 얕잡아 본 것은
아니지만, 다만
등줄기처럼 비틀린 내 손금 안에도
숨겨진 싸라기별 하나쯤은 살고 있지 않을까
60억분의 1 확률에 그 몇 배의 꿈을 걸고
내가 너의 복권인 양 오매불망,

지금도 어느 은하에선가
누군가 구리 동전으로 내 등의 은박을 긁어 대고 있을지
몰라 복권 일등 당첨 액수보다 더 크게
헛물을 켜는, 헛배만 잔뜩 부른
배고픈 오늘

돌아가는 길

— 밥 시편 · 56/ 병상의 밥

옆 병상의 환자가 영안실로 내려갔다
간호사는 무심히 침대 시트를 걷어 내고
새 시트를 갈아 끼운다
밥그릇 하나의 우주가 떨어져 나가고
이번에는 위장병 환자가
퍼즐처럼 그 자리를 메꾼다
다시 새 이름표가 내걸리고, 그 환자는
제 몫보다 너무 많은 것들을 비웠는지
'절대금식' 이라는 팻말이 나 붙는다
그날의 주홍 글씨처럼
이 깊은 생의 소태나무 우거진
계곡을 지나
저 환자는 무사히 세상 밥의 길로
돌아갈 수 있을까
저마다 제 남은 몸의 날 수를
세어 보는 것인지
돌아누운 환자들은 누구 하나 말이 없고

그 와중에도

너를 향한 내 불치의 환부는

가을로 가는 하늘 입구처럼 여전히

수선스럽기만 하고

드뷔시 강둑에서

— 밥 시편 · 57/ 말의 밥

너였다가
오직 나뿐이었다가
그래서 돌아갈 길을 만들지 못했던
낭떠러지 그 말이
언젠가 너도 아니고
우리도 아니고
그가 될 수 있는
가랑잎 바스락거리는 그 말이
그 미끄러운 혀의 잔등을 타고
내 눈 먼 한 섬지기
푸른 꽃이 피었다 지고
너의 산을 넘어
먼 몸의 강물을 건너
이제는 너무 멀리 떠나온
그러나
언제나 다시 숨어들고 싶은
무당벌레의 꽃등처럼

외딴 달빛의 방
오늘 다시 또 그 말이 밥이 되었는가
한 번 더 주섬주섬 물꽃이 핀다
생의 겨울나무 마른 가지 끝에

애이불비밥

— 밥 시편 · 58/ 구제역 파동

1

주사기를 든 수의사가 송아지에게 다가가자
젖 물리고 있던 어미 소가 벌벌 떤다
끝내 기절하고 만다

2

어미 소가 송아지를 두 다리 사이에 끼고 절대 이 아이!
이 아이만은 어떻게 살려 줄 수 없느냐고
누구를 향한 애원도 분노도 아닌, 그 간절함은 어느 하늘에도 닿지 못한다
주사기를 든 수의사도 곁을 지키던
농부도 퀭한 눈을 들어 먼 산을 바라보고 있다

3

하루 세끼 따뜻한 밥이 되어 주던 너
그동안 하늘 아래 정말 고마웠다

못다 한 말, 그것마저 이제 너무 늦어 버렸구나
미안해! 점점 감겨 가는 소의 눈망울을 바라보며
농부는 덜커덕덜커덕 얼음덩이 울음을 삼키고 있다

물밥, 개구리밥 단상
— 밥 시편 · 59/ 눈물밥

물개구리의 몸은
물 반 개구리 반?
제 속에서 만든 그 물이
슬픔의 강물과 맞닿아 있다
그래서 물개구리는
비가 오나 바람이 부나
울기만 한다, 물. 물. 물. 물……
울면서 태어난 물의 한평생,
울음이 곧 밥이고 직업이다
아침부터 하루 종일
우는 일밖에 모르는 뼛속까지 눈물인
저 물밥 개구리
그놈을 가만히 들여다보면
내 속의 눈물보가 터질 것 같다
너도 가고 아무도 없는 오늘
나의 세끼 밥그릇은 눈물로 채워진다

우리 함께 나눠 먹자
아무도 넘보지 않아서 좋은
내 눈물의 밥

가을밤 벌레 소리에 부쳐

— 밥 시편 · 60/ 가을 저녁의 시밥 노래

누군가
또 지상을 떠나고 있나 보다
어느 죄 없는 영혼이
하늘 문 여닫는 저 소리
오직 소리로만 살아남은
밥숟가락 달그락거리는
배고픈 영혼들의 입맛 다시는 소리,
어떤 이승의 불온도 끼어들 수 없는
살아남은 자들의
마지막 식탁 차리는 저 소리

먹다

— 밥 시편 · 61/ '꼭꼭 씹어라'

위로 먹는 밥
아래로 먹는 ㅂ+ㅏ+ㅂ
쫄깃쫄깃 꼬—오옥 꼭!
더 깊숙이

씨~입을수록 맛나는 밥
오늘도 처음처럼
후다닥 상투적인 한 끼,
끼니를 먹어 치워야 산다

게걸스럽게, 허기진 밥,
목구멍에 쑤욱 밀어 넣고
목숨처럼 너를 더듬는다
혼자서는 못 먹는 말밥
ㅆ—ㅣ—ㅂ
'꼭 꼭 씹어라!'

이 밥인가 밥이 욕인가

— 밥 시편 · 62/ 욕사발밥

요즘 아이들은 욕 없이는 말을 못한다
조까, 씨발, 좃나, 잡놈, 지랄, 미친, 니미 씨 ㅂ 개
새끼…….
세상은 또 어떤가
퍼~큐, 유어 마마 피피, 갓뎀, 킹카우웨, 페그, 피
크딕,
초델라, 마군, 피스티, 샤아, 제베른티 보자…….
마피아, 스파이 여인 이름 같기도 하고
피가 뜨거운 남자라면
한번쯤 유혹하고, 또 당하고 싶은,
매력적인 서양 여인 이름 같기도 한
그 이름, 꽃그늘 속에 포근히 안기고 싶어라

말끝마다 반주처럼 올라오는 욕사발,
다른 나라 욕이야 못 알아들으니 그렇다 치고
말뜻을 알아들을 수 있는 우리나라 욕사발은
먹고 있으면 누구 다른 사람 없는가 두리번두리번
괜히 내 얼굴이 화끈거린다

그런데 참 이상한 것은 욕, 그것은
세상 가장 그립고 애틋하고 눈물겨운 말의 밥,
엄마, 어머니, 남녀 간의 사랑
그 아련한 것들과 언제나 몸을 섞고 있다는 그것이다

욕이 일용할 밥이 된 요즘을 살고 있는 우리들,
욕 없는 세상에 사나, 욕이 밥이 된 세상에 사나
어느 것이 더 좋은지는 잘 모르겠지만
아무튼 욕 없는 세상은 출구 없는 감옥,
화병 들어 죽는 사람 많을 것이라니
'욕이 없어서는 안 될 밥은 밥인가 보다'
라고 생각하는 나도 생욕 한번 질펀하게 해 보고 싶다
씨쌍놈, 오지랄, 호랭이가 씹어갈 년, 개 같은 놈,
길 가다가 돌 맞아 죽을 놈, 문딩이 같은, 씹어 먹을 네 이놈!
하하하하하하 ㅋ ㅋ ㅋ

밥은 밥인데 못 먹는 밥
— 밥 시편 · 63/ 콩밥

단연코! 나는 태어나
콩밥을 먹어 본 적이 없다

그런데 나는
오늘 아침에도 콩밥을 먹고 있다

라고 말한다
앞으로도
결단코
그것을 먹고 싶지 않다
콩밥을!

마음먹기

— 밥 시편 · 64/ 가장 쉽고도 어려운 말 밥

늦가을
내가 먹은 밥
가장 많이 먹은 밥
먹고도 안 먹은 척
은근슬쩍 아무렇지도 않게
때로는 뱉었다가
다시 주워 먹기도 하는
세상에서 가장 쉽고도
가장 알기 어려운 말 밥 먹기
너,

유세장에서
— 밥 시편 · 65/ 밥의 상인들

"밥 사요, 내 밥 사요"
질 좋은 내 밥,
소리 높여 밥을 팔고 있다
목소리를, 팔다리를,
살아온 누더기 몸의 내력을,
목구멍으로 넘어가던 한 술까지
달라 하지 않아도 다 퍼내어 줄 기세다
지금은 오직 더 많이 먹어야
더 많이 먹혀야
그것만이 사는 길이라고,
누구도 거들떠보지 않을 것 같은
비비 틀린 허벅지를 알 없는 알통을
그럴듯하게 포장해
그저 주는 대로 받겠다고
없는 것 있는 것 다 내다 팔고 있다

덩달아 나도 팔려 가고 싶다

지상에서의 마지막 한 끼 식사처럼
너에게

해 지는 여기는 지금 새벽밥별이 뜬다
— 밥 시편 · 66/ 새벽밥별

너에게 차려 줄 수 없는 밥상
내가 홀로 대신 받는다
굴비 북어 김치 쭉쭉 찢어 입안 가득
이승에서의 생을 밀어 넣는다
내 배가 부르면
너도 배가 부를 것 같아
소고기무국 등심살 네가 좋아하던 음식
하나하나 새김질하다 보니
어느새 그득하던 밥그릇이 다 비었구나

아무도 대신 먹어 줄 수 없는 밥
오늘은 네가 와서 나 대신
밥을 먹어 주는구나
소태같이 쓴 오늘을 견디게 하는구나
거긴 지금 해 돋는 곳, 나는
너 대신 네 밥을 먹고
너는 거기에서 지금

나 대신 나의 어둠을 먹고 있는가
해 지는 여기 지금 새벽밥별이 뜬다

오늘 네가 없구나

— 밥 시편 · 67/ 말하지 않아도 다 안다

무심코 집어 들었던 것들
다시 제자리로 돌려놓으며
마음속 지도를 잃어버린다
몇 번이나 슈퍼 안을 돌아도
장바구니는 텅 비어 있고
네가 없는 이 저녁에
나는 아무것도 먹지 않으련다
나를 위한 식품 목록들 하나씩 지우며
빈 배를 너로 가득 채운다

"필요한 것 없니?"
"없어."
"먹고 싶은 건?"
"잘 먹고 있는데 뭐,
참, 엄마가 끓여 주는 팥국."

며칠 만에 겨우 이어지는 심심한
우리의 대화처럼

오늘 저녁 반찬은 오히려 없어야 하겠다
말하지 않아도
나는 다 안다
끊어졌다 이어지는 전화음 사이
너의 말줄임표들을
네가 말하는 팥국이
설렁탕이라는 것을 오래전부터
나만이 알고 있는 것처럼
오늘 저녁
나의 식탁엔 너만 있어도 되겠다

나이에 대한 에필로그적 몽상

— 밥 시편 · 68/ 나이밥

묻지도 않고 또 밥을 떠먹인다
어디로부터 들어오는 창날인가
누가 한 우주를 부수겠다는
야심천만 저 북소리
너 아니어도 내겐 먹을 것이
아주 많이 있는데,
아들이 좋아하는 설렁탕의 이름을 걸고
정중히 사양해도 아무 소용이 없겠는가
어떤 선행에도 감형받을 수 없는
네가 나에게 준 형벌
무조건 너를 받아먹어야 한다는 것
손 놀리지 않아도 저절로 들어오는 밥
한 끼의 오차도 없이
세끼 중 한 끼는 안 먹어도 되는데
그렇게 꼬박꼬박 챙겨 줄 필요 없는데
정말 그런 나이밥 전혀 필요 없는데

■ 후기

밥을 향한 엘레지elegy

이 제 인

1. 막다른 골목길을 달려왔다

이 길이 아니면 저 길도 없었다. 하루를 쉬면 어디에선가 반드시 하루치의 노동을 채워 넣어야 했다. 그렇다고 오늘의 식탁이 풍성한 것도 아니었다. 그저 세끼 밥상을 차리는 것이 태산을 지고 산을 오르는 것만큼이나 힘겨웠다. '밥, 그거야 별거 아니지' , 늘 있는 것처럼, 당연히 앞으로도 계속 있을 것처럼 그렇게 홀대하며 밥투정하던 어린 시절은 이미 지나갔다는 것을 까맣게 몰랐다. 초등학교 시절 나의 친구 명희가 그렇게 열심히 공부하고 눈웃음을 살살 치고, 좀 얄미운 사람들에게도 무척 친근한 척 행동했던 것도 다 밥을 빌기 위해서였다는 것을 한참 후에야 알았다. 한 끼 밥을 벌기 위해서 펄

떡펄떡 뛰고 있는 제 심장이라도 파내어 팔겠노라는 사람을 만나 본 후에야 나는 비로소 밥이 거대한 눈물권력이라는 것을 알았다. 자동인형처럼, 아편 중독자처럼 그것을 얻기 위해 살고, 그것이 없으면 단 하루도 살아갈 수가 없으니 살기 위해, 오직 살아남기 위해, 그것을 얻어야만 했던 것이다. 그 천형의 감옥을 짊어지고 평생을 싸우다 장렬히 전사해 간 전우들이 얼마나 많은가? 아랫집, 윗집, 건넛집, 이 집 저 집 모두가 다 지금도 전투 중이다. 언제 끝날지도 모르는 이 치열한 고지전, 오르막길이 있으면 반드시 내리막길이 있다는 세상 이치마저 통하지 않는 이 무소불위의 권력,

1. 돈만 많이 주면

어떤 체위든 OK
23살, 키 167, 젖가슴 사이즈 C컵
오늘밤, 화끈, 황홀하겠지요
전화 부탁해요
춘희

2. 장기를 팝니다

어떤 부위든 다 내놓겠습니다
(간, 신장, 안구, 쓸개, 골수……)
……심장, 두개골도 가능합니다

혈액 O형, 신체 건강 男, 30세

*액수 조정 가능합니다

3. 무엇을 팔 수 있을까, 나는 이제

쭉쭉 빵빵 20 처녀도 아니고
신체 건강 30 미시도 아니고
그동안 한 끼 밥을 얻기 위해
내 유일한 재산인 눈물 콧물, 기다림
그리고 못다 끝낸 연애편지까지
다 팔아 버리고 말았는데
누군가에게

—「오늘밤 끝내 줍니다, 오빠—밥 시편 · 3」전문

2. 나는 번번이 그 권력 앞에 무릎 꿇는다

오늘을 열심히 살면 내일은 좀 나아지겠지. 오늘 힘들면 내일은 좀 쉬운 길이 열리겠지. 그래야 공평한 것 아니야? 스스로를 달래고 자위하며 견뎌 봐, "으쌰" 하며 여기까지 밀어 왔지만 이제는 이빨 빠진 늙은 수사자의 포효처럼 점점 힘이 빠진다. 남의 떡이 더 커 보인다 했던가? 나이 많은 부모의 늦둥이로 태어나 늘 아쉽기만 하던 부모님의 사랑이었는데, 어른이 되어서도 이렇게 모자라고 내일이 불안한 밥그릇을 탓하며 살고 있으니, 너도 나도 인생이 참으로 눈물겹구나. 한없는 자기 연민에 빠진다. 그러나 "삶이 그대를 속일지라도 슬퍼하거나 노여워하지 마라." 다시 힘을 낸다.

이른 아침 서릿길에

누가 개의 목줄을 끌고 간다

진화하지 못한 인류사의 살풍경,

대를 이어 우리는

서로가 서로에게 목줄을 매고 간다

가끔 누군가의 팔에 안겨

목줄 걱정 없이 살아가는 목숨도 있지만

그것은 미완의 꿈일 뿐,

으르렁,

맞은편에서 오던 깜둥개 한 마리

꼬리 곧추세워 앞발 버텨 보지만

무얼 너 어쩌겠느냐

너도 나도 한 끼 저녁밥에 끌려가는

한 마리 개 신세일 뿐인 것을

—「밥줄—밥 시편 · 2」전문

3. 그래, 나만 그런 건 아니잖아

특별한 척, 더 심한 척 불행의 특허라도 낸 것처럼 엄살 부리지 말고 비록 밥줄에 끌려가는 한 마리 개 신세일지라도 아직 살아 있지 않느냐, 저 푸르고 싱싱한 오월의 들판과 하늘은 눈물겹고, 유월의 들판엔 감자알 굵어 가고 산나리꽃 앵두알은 빨갛게 제 몸을 익혀 간다. 담장을 타 오르는 줄장미꽃, 찔레꽃은 아무 조건 없이 향기롭고 감꽃은 아무도 몰래 저 홀로 피었다 진다. 몇만 원짜리 여름 꽃팔찌 하나 사서 끼고 흐뭇하고 행복해 남몰래 제 팔목 힐끗힐끗 쳐다보며 만족해하는 내 마음 아직 건강하다. '살아 숨 쉬는 자가 감당해야 할 짐' 이라 생각하자. 파이팅을 외쳐 본다. 그래도 내일 수업 시간에 진성이와 진우가 다시 나올까? 내일 내 밥그릇은 여전히 불안하다.

내가 밥을 위해 사는가
밥이 나를 위해 있는가

일 끝난 늦은 시간
밥 한 그릇 앞에 놓고 생각한다

너 없이는 나 없고
나 없이는 너도 없는
이 질긴 업장감옥

성적이 잘 안 나왔다고
툴툴대던 진영, 윤재, 그 엄마의 얼굴이
바윗돌처럼 목구멍에 걸려 있다

내일 내 밥그릇은 무사할까?

—「과외 선생—밥 시편 · 1」 전문

4. 어린 시절에는 늙은 엄마가

조금만 아파도 돌아가실까 봐 겁이 났고, 어른이 되어서는 내가 밥 빌어 사는 것들이 사라져 버릴까 두려웠다. 언제나 나의 밥그릇은 불안했고 흔들렸다. 때로 신은 너무나 짓궂어서 나의 그런 속마음을 알아채고는 놀려 먹는 것처럼 흔들어 댔다. 바라는 것들은 더 줄기차게 주지 않았고, 약 올리듯 포기마저 할 수 없게 만들었다. 희망하고 소망하다 좌절하고 지치고 기진맥진해 쓰러져 있으면 그때서야 삐죽이 얼굴을 내밀었다. 그러다가 다시 '나 없다.' 숨어 버렸다. 어느 또 다른

생이 있어 신을 만날 기회가 주어진다면 나는 묻고 싶다. 왜 내게는 이런 불안의 밥그릇을 주었느냐고.

미안합니다
끝까지 아무도 이겨 내지 못했습니다
영하 20도를 오르내리는 철탑 끝,
노숙의 위태로운 잠보다
당신과 아이들의 고픈 배가 더 춥고
무서웠습니다
남에게는 그리도 하찮아 보이는
하루 세끼 밥그릇 채우는 일이 내게는
하늘의 별 따기보다 힘겨웠습니다
내 남은 목숨의 날들을 이제
하늘에 반납합니다
부디 남아 있는 당신과 아이들의 텅 빈 밥그릇에
신의 자비가 있기를 기도합니다
내가 지상에서 배운 최후의 언어로
당신을 사랑합니다

해직 3년 만에 복직, 그러나
한 달 치 남은 급여 48만 원으로는
당신과 아이들 얼굴을 다시 볼 면목이 없었습니다
죄송합니다

—「못다 부른 사랑 노래—밥 시편 · 6/
고공시위자 박씨」 전문

5. 누구에게나 주어진 목숨의 날들을

끝까지 다 살아 낸다는 것은 그렇게 쉬운 일이 아니로구나. 아직 제대로 시작도 못한 것 같은데, 저렇게 저 스스로 생을 폐업해 버리다니, 아쉽기도 하고 안타깝기도 하다. 그러나 한편으론 이해가 간다. 오죽했으면 그랬을까? 죽을힘으로 뭐든 하면 세끼 밥이야 못 벌어먹을까? 생각하다가도 그건 내 생각일 뿐, 당사자가 되어 보지 않고서야 그 사정을 어찌 알까? 슬며시 꼬리를 내린다. 너무 많은 밥은 그 밥을 어찌 다 먹을까 주체하지 못해 허둥대다 결국 그 사람을 죽게 만들기도 한다. 또 너무 적은 밥은 그 밥을 못 먹어서 또 사람을 죽게 만든다. 결국 밥은 사람을 죽음에 이르게 하는 치명적인 것인가? 너무 많아도 문제, 너무 적어도 문제가 되는 밥, 그래도 그 밥 없이는 못 사는 인간이고 보면 인간은 밥의 슬픈 노예인가 보다.

돌확 속 금붕어가 죽었다
겨우 한 마리만 살아남아
주는 대로 떡밥을 받아먹고 있다
아직 수습하지도 못한 제 피붙이의 주검보다
살아 있는 제 목숨의 모진 허기가 먼저여서,
가 버린 사랑보다
지금의 내 한 끼 고픈 배를 채우는 것이
더 급한 일이어서 너 없이도
나는 아무 망설임 없이
나를 위해 생선을 굽고 한 상 가득

저녁상을 차린다

세상 모든 목숨들에게
밥은 언제나
슬픔보다, 죽음보다도 더 먼저다

—「죽음보다 더 독한 것은—밥 시편 · 43/
밥이 먼저」 전문

6. 그렇다, 밥은 이 세상 무엇보다 먼저인 것이다

너 없으면 못 살겠노라, 일생 단 한 번뿐인 사랑이었노라 죽고 못 살던 그 사랑을 가슴에 묻고도 입속으로 꾸역구역 밥 숟가락을 퍼 넣던 어느 날이 기억난다. 눈물 콧물 다 흘려가며 찬물에 밥을 말아 약처럼 밀어 넣던 젊은 날이 있었다. 그러나 그때 나는 밥이 눈물이라는 것을 몰랐다. 그 뒤 세상에 단 하나뿐인 어머니 아버지가 돌아가셨을 때도 나는 한 끼니도 거르지 않고 밥을 먹었다. 결국 사랑하는 사람들의 죽음보다도 더 급한 것이 내 한 끼 배를 채우는 것이었다. 내가 이 세상에 살아 있는 한 아마 앞으로도 그럴 것이다. 따라서 나는 더 많은 밥을 먹을 것이고, 내가 밥을 먹는 한 나의 밥에 대한 숭배는 계속될 것이다.

내 보잘것없는 시편들이 오늘도 밥의 순례 길에서 돌아오는 지치고 힘든 영혼들에게 작은 위로가 되어 준다면 얼마나 좋을까? 하루 세끼 밥을 찾아 오늘도 일터에서 투쟁하고 있는 모든 사람들에게 감히 이 시집을 바치고 싶다.

시인 이제인

경남 하동 출생

성신여자대학교, 동 대학원 졸업

2003년 계간 『시와시학』으로 등단

시집 『내 생의 무게를 달다』가 있음

재미시인협회 회원

오늘 내 밥그릇은 무사할까

지은이 | 이제인

펴낸이 | 김재돈

펴낸곳 | 도서출판 시와시학

1판1쇄 | 2013년 7월 30일

출판등록 | 2010년 8월 10일

등록번호 | 제2010-000036호

주소 | 서울 종로구 명륜동1가 42

전화 | 744-0110

FAX | 3672-2674

값 8,000원

ISBN 978-89-94889-56-6 03810

* 저자와의 협의에 의해 인지를 생략합니다.

* 잘못된 책은 바꾸어 드립니다.